VENTE

du 4 Juin 1914

SALLE N° 10

à 2 heures et demie

EXPOSITION PUBLIQUE

le 3 Juin 1914

de 2 heures à 6 heures

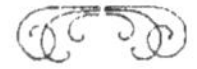

TABLEAUX ANCIENS
ESTAMPES ANCIENNES
DESSINS, GOUACHES, PASTELS
DENTELLES ANCIENNES
OBJETS DIVERS

ETC. ETC.

Mᵉ CH. DUBOURG

COMMISSAIRE-PRISEUR

M. E. MARTINI

EXPERT

BAVAY (NORD)

IMP. EUG. DONAIN

CATALOGUE

DES

TABLEAUX

GOUACHES, PASTELS, DESSINS

Anciens

PAR

Boilly, Boucher, Callet, Chardin, Craesbeeck, De Wailly
Grimaldi, Hubert Robert, Hogarth
Lallemand, Liotard, Martinet, Monginot, Richard
St-Jean, Teniers, Tiépolo,
Van de Velde, Verheyden, Vernet, Watteau de Lille.

DENTELLES ANCIENNES
OBJETS DIVERS

DONT LA VENTE AURA LIEU A PARIS

HOTEL DROUOT, SALLE N° 10
Le Jeudi 4 Juin 1914

à deux heures et demie

COMMISSAIRE-PRISEUR	EXPERT
Mᵉ Ch. DUBOURG	**M. E. MARTINI**
8, Rue d'Alger, 8	*11, Rue Fontaine, 11*
PARIS	**PARIS**

EXPOSITION PUBLIQUE

Le Mercredi 3 Juin, de deux heures à six heures

CONDITIONS DE LA VENTE

La vente sera faite au comptant.

Les adjudicataires paieront *dix pour cent* en sus des enchères.

L'ordre numérique du Catalogue sera rigoureusement suivi.

DÉSIGNATION

DENTELLES ANCIENNES

1 — Un grand Col en application d'Angleterre et une coupe
de 0ᵐ93 de même origine. Epoque Louis XVI.

2 — Un Col et deux Revers en dentelle de Bruges.
Epoque Empire.

3 — Deux Cols ronds en Malines. Epoque Louis XVI.

4 — Deux Brides en dentelle de Malines.
Epoque Louis XVI.

5 — Deux Coupes de dentelle Malines de 0ᵐ67 et 1ᵐ15.

6 — Une Coupe de 3ᵐ13 en Malines. Epoque 1ᵉʳ Empire.

7 — Six mètres 65 de dentelle des Flandres (en 2 coupes).

8 — Trois Coupes de dentelle Valenciennes, respective-
ment de 3ᵐ37, 0ᵐ96, 1ᵐ25. Epoque XVIIIᵉ siècle.

9 — 7 Pièces dentelles diverses.

OBJETS DIVERS

10 — Aumonière de la Maison du roi Louis XV, velours rouge, brodé de fleurs de lys.

11 — Trente-huit Jetons en argent, à l'effigie de Louis XV. Au revers on lit : « Ducem Regemque Sequuntur » et au-dessus du millésime 1731 : Secrétaire du Roi. Signé du monogramme I. D.V. (J. du Vivier).

12 — Deux petites Coupes en agathe montées argent.

13 — Mortier en bronze Louis XV, orné de motifs en relief. Sur l'un d'eux on lit : « OPUS PETRI ET ANTONII COLBACHINI DE ANGARANO. Diamètre 27.

14 — Un Collier en corail fermoir or. Epoque 1er Empire.

15 — Un Collier perles imitation, fermoir or. Epoque 1er Empire.

16 — Trois Bracelets en corail, fermoir or. Epoque 1er Empire.

17 — Quatre Garnitures de peignes en argent doré, garnies de corail et de perles imitation. Epoque 1er Empire.

ÉCOLE HOLLANDAISE XVIIe SIÈCLE

18 — Portrait d'homme. Cuivre H. 5, L. 4.

LICARDI

19 — Portrait de Madame la comtesse Caroline de Labbey. Miniature signée à droite.

20 — Téte de Patriarche en bois sculpté. Travail du
XVIe siècle. Traces de polychromie.

21 — Enfant Jésus en bois sculpté, XVIIIe siècle.

22 — Une Coupe de 5^{m}5o de Soierie. Motifs de fleurs
crème sur fond cuivre. Epoque XVIIIe siècle.

ESTAMPES ANCIENNES

ANONYME

23 — Eventail Louis XVI, en ivoire, garni de tulle, de
paillettes d'acier et comme motif central : une gravure
représentant le Dauphin.

Celui-ci (Louis XVII), monté sur un dauphin,
porte un étendard fleurdelysé avec l'image de Marie-
Thérèse-Charlotte et un bouclier avec l'effigie de
Louis XVI et de Marie-Antoinette. En bordure une
frise de fleurs de lys et de dauphins.

Très belle épreuve imp. en couleurs. Rarissime.

ANONYME

24 — *Coëffuré pour homme.* Curieuse pièce satyrique sur la
mode. Belle épreuve coloriée, toutes marges.

AMICONI (D'APRÈS)

25 — Quatre pièces coloriées par A. Gabrieli.
Belles épreuves. Toutes marges.

BARTOLOZZI F.

26 — *Affection and Innocence,* par Tomkins.
Superbe épreuve imp. en couleurs, petites marges.

BONNET L. M.

27 — *The milk Woman.*
Belle épreuve, imp. en couleurs.

CIPRIANI G. B. (D'APRÈS)

28 — Huit pièces pour l'*Histoire d'Angleterre*, par A. Suntach. Belles épreuves coloriées. Toutes marges.

DEMARTEAU G.

29 — *La Joueuse de Raquette*, d'après Boucher. N° 105.
Belle épreuve, imp. en sanguine.

30 — *La Fidélité,* d'après F. Boucher. N° 162.
Belle épreuve, imp. en sanguine.

31 — *La Pipée*, d'après Boucher. N° 130.
Belle épreuve, imp. en sanguine.

DIVERS

32 — 3 pièces diverses coloriées.

FRAGONARD H.

33 — *Le petit Prédicateur,* par De Launay.
Belle épreuve, marges.

GILBRAY J.

34 — Quatre gravures sur la chasse.
Belles épreuves coloriées, marges. Tirage postérieur.

HAMILTON (D'APRÈS)

35 — *Les douze mois de l'année.* Douze pièces par Gabrieli et Bonato. Très belles épreuves, toutes marges.

HINCKS W.

36 — *Le travail du Lin.*
Belle épreuve, imp. en couleurs et rehauts.

JANINET

37 — *Vénus sur les Eaux,* d'après Charlier.
Superbe et rare épreuve, imp. en couleurs, petites
marges.

38 — *Le Sommeil de Vénus,* d'après Charlier.
. Superbe épreuve, imp. en couleurs, petites marges.

KAUFFMAN CIPRIANI

39 — *Religio. Scientia.* Deux pièces coloriées, par Fabris.
Très belles épreuves, toutes marges.

LANCRET N.

40 — *Les charmes de la conversation,* par Petit.
Belle épreuve.

LAWRENCE TH. (D'APRÈS)

41 — *Lady Sélina meade Countess,* par G. T. Doo.

LE CLERC

42 — *L'Hermite en Queste.*
A Paris, chez la Vve Chereau.

LE CLERC (D'APRÈS)

43 — *Histoire de l'Enfant prodigue.* Six pièces par Ragona.
Très belles épreuves coloriées, toutes marges.

LIVESAY

44 — *Les bons Amis.*
Epreuve imprimée en couleurs.

MARILLIER (D'APRÈS)

45 — *Marie-Antoinette, Dauphine de France*, par Le Beau.
Belle épreuve.

MARTINET

46 — *Les Nouvellistes*, signé G. de Cari.
Belle épreuve coloriée.

MIXELLE (?)

47 — *Demande en mariage de l'Archiduchesse Marie-Louise
d'Autriche, au nom de l'Empereur Napoléon.*
Belle épreuve coloriée, très rare.

MONDHARE (CHEZ)

48 — *La Promenade du matin*, par J. B.
Belle épreuve coloriée. Marges. Rare.

MORLAND J. (D'APRÈS)

49 — *La Chasse du Canard.*
La Chasse de la Bécassine, par Suntach.
Belles épreuves, toutes marges.

PATER (D'APRÈS)

50 — *Mademoiselle d'Angeville la Jeune*, par Lebas.

REYNOLDS J. (D'APRÈS)

51 — *Countess of Waldegrave and her Daughter*, par J. Smith.
Belle épreuve légèrement rehaussée.

REYNOLDS J.

52 — *La petite Laitière anglaise*, par Gaugain.
Superbe épreuve imp. en couleurs et quelques
rehauts.

RUSSEL J. (D'APRÈS)

53 — *Quatre pièces,* par P. Martire.
Belles épreuves, toutes marges.

SINGLETON (D'APRÈS)

54 —. *The Shelter'd peasants.*
The Husbandman's refreshment.
Deux pièces se faisant pendants.

Belles épreuves. Toutes marges.

55 — *The Curate of the Parish return'd from duty.*
The Vicar of the Parish receiving his Tithes.
Deux pièces se faisant pendants, par G. Fabris.

Belles épreuves, marges.

SUNTACH A.

56 — *Quatre pièces pour les Contes Arabes,* par Ambrosi et
G. Balestra.

Belles épreuves coloriées. Toutes marges.

VIGÉE LE BRUN (D'APRÈS)

57 — *Louise-Elisabeth Vigée le Brun,* par J. G. Muller.
Superbe épreuve, toutes marges.

WATTEAU A. (D'APRÈS)

58 — *Croquis,* gravé par Huquier.
Superbe épreuve, toutes marges.

59 — *Le Jardinier fidèle,* par Huquier.
Belle épreuve.

60 — *Le Berger empressé,* par Huquier.
Belle épreuve.

WESTALL R. (D'APRÈS)

61 — *English peasants.*
Irish peasants.
Welch peasants.
Scotch peasants.
    Quatre pièces en série.
    Très belles épreuves. Toutes marges.

62 — *The Birds Nest.*
Innocent Revenge.
    Deux pièces par Zaffonato se faisant pendants.
    Très belles épreuves. Toutes marges.

WESTALL — BARNEY (D'APRÈS)

63 — *The bird catcher.*
A fern cutter's child.
    Deux pièces se faisant pendants, par Lazaretti.
    Très belles épreuves. Toutes marges.

WESTALL (D'APRÈS)

64 — *The Kite complcated.*
A Girl Gathering mushrooms.
    Deux pièces se faisant pendants, par Belvédère.
    Belles épreuves. Toutes marges.

WILLE

65 — *L'essai du Corset.*
Dédicace d'un poème épique.
    Deux pièces, par Dennel.
    Belles épreuves. Marges.

WYATT M. C.

66 — *Sleeping.* par **M. N. Bate.**
    Imp. en couleurs. Rare.

67 — *Wakeing,* par **M. N. Bate.**
    Imp. en couleurs. Rare.

TABLEAUX
GOUACHES * PASTELS * DESSINS

BERTIN (Ecole de)

68 — Paysage animé de personnages et d'animaux.
Toile. H. 39, L. 46.

BOILLY (Attribué a)

69 — Portrait d'A. Volta.
Bois. H. 21, L. 16.

BOUCHER F. (Ecole de)

70 — *La Cible d'Amour*. Panneau décoratif en camaieu bleu.
Toile. H. 85, L. 130.

BOUCHER (Ecole de)

71 — *Jeux d'Amours*. Panneau décoratif en camaieu bleu.
Toile. H. 83, L. 73.

CALLET A. F.

72 — *L'Adoration des Bergers*.
Toile. H. 40, L. 40.

CHARDIN (Attribué a)

73 — *Le Chat Gris*.
Toile. H. 49, L. 58.

CRAESBEECK (Attribué a J.)

74 — *Le Ramoneur. Le Marchand de Buches*.
Bois. H. 24, L. 18.

DEMAY J. T.

75 — *La bonne Fermière.*   H. 21, L. 17.

DE WAILLY

76 — *Les Jardins de Frascati.*
    Aquarelle gouachée. H. 36, L. 51.

DUCIS (ATTRIBUÉ A L.)

77 — *Le premier Miroir.*
    Toile. H. 59, L. 76.

ÉCOLE ANGLAISE

78 — Portrait présumé de Miss Lavinia Orvée, représentée
    en vestale.
    Toile. H. 66, L. 50.

ÉCOLE FRANÇAISE XVII⁰ SIÈCLE

79 — Portrait de Femme.
    Toile ovale. H. 64, L. 54.

ÉCOLE FRANÇAISE XVIII⁰ SIÈCLE

80 — *Vénus et les Amours.*
    Toile ovale. H. 66, L. 80.

81 — Portrait de Voltaire.
    Dessin à la plume et lavis de Pépia. H. 22, L. 18.

82 — Portrait d'Homme.
    Pastel. H. 55, L. 45.

83 — Vue d'un Port de mer en Provence.
    Gouache. H. 25, L. 33.

84 — Portraits d'Homme et de Femme.
    Deux tableaux se faisant pendants.
    Toile ovale. H. 25, L. 20.

85 — Portrait du calculateur Barrème, inventeur du Barème.
  Toile. H. 72. L. 60.

86 — *L'Hiver*. Signé d'un monogramme à droite.
  Toile. H. 35, L. 44.

87 — *La Paix*. Plafond de forme ronde.
  Toile. Diamètre 117.

88 — *Le Joueur de Flûte*.
  Toile. H. 73, L. 78.

89 — *Le Jet d'Eau*.
  Bois. H. 23, L. 33.

90 — *La Famille du Peintre*.
  Bois. H. 31, L. 39.

ÉCOLE FLAMANDE

91 — *La Vierge et l'Enfant*.
  Bois. H. 36, L. 24.

ÉCOLE ITALIENNE XVIIe SIÈCLE

92 — Jeune femme personnifiant la Vérité et la Justice.
  Toile. H. 89, L. 71.

ÉCOLE ITALIENNE

93 — *La Vierge et l'Enfant*.
  Bois. H. 64, L. 49.

ÉCOLE HOLLANDAISE XVIIe SIÈCLE

94 — *Le Musicien*.
  Bois. Diamètre 22.

ÉCOLE HOLLANDAISE

95 — Portrait d'Homme.
  Toile. H. 43, L. 33.

96 — Nature morte. Fleurs.
H. 100, L. 180.

GAMELIN J.

97. — *L'attaque d'un Fort. Combat de Cavaliers.*
Deux dessins de sepia et gouache ; le premier signé
et daté 1781. H. 32, L. 46.

GRIMALDI (ATTRIBUÉ A)

98 — *Le Buveur de Vin.*
Toile. H. 71, L. 58.

HUBERT ROBERT

99 *La Cour du Château.*
Aquarelle signée et datée 1776. Collection Marmontel.
H. 35, L. 22.

HOGARTH (ATTRIBUÉ A)

100 — Portrait d'un Magistrat.
Toile. 64, L. 54.

LALLEMAND

101 — *Le vieux Portique.*
Gouache. H. 26, L. 39.

LARGILLIÈRE (ATTRIBUÉ A N. DE)

102 — Portrait d'Homme.
Toile. H. 47, L. 38.

LIOTARD (ATTRIBUÉ A)

103 — *Le Dénicheur.*
H. 60, L. 80.

MARTINET

104 — *Le Départ pour la Guerre.*
Aquarelle signée. H. 17, L. 22.

MONGINOT

105 — Nature morte (signé).
Gouache. H. 33. L. 41.

PRUDHON (Ecole de)

106 — *L'Amour s'enfuit.*
Dessin au crayon noir. H. 62, L. 44.

RICHARD

107 — Portrait de jeune Femme en costume bleu. Signé et
daté 1791.
Toile ovale. H. 64, L. 54.

SAINT-JEAN (ATTRIBUÉ A)

108 — Nature morte de fleurs. Fruits et vase.
Toile. H. 48, L. 64.

TENIERS A.

109 — *La Partie de Cartes.* Signé à droite.
Toile. H. 33, L. 41.

TIÉPOLO J. D.

110 — *Les Eléments.*
Dessin à la plume, lavé de Sépia. H. 22, L. 30.

111 — *La Chute des Titans.*
Dessin à la plume et au lavis. H. 28, L. 42.

112 — *La Vierge et les Bergers.*
Dessin au lavis de Sepia. Signé. H. 16, L. 11.

VAN DE VELDE A.

113 — Paysage animé de personnages et d'animaux.
Bois. H. 12, L. 21.

VERHEYDEN (MATTHEUS)

114 — Portrait de Femme. Signé.
Toile. H. 51, L. 44.

VERNET C.

115 — *Le fort Ténor.*
Dessin à la mine de plomb et aquarelle. Signé.

VERNET H. (ATTRIBUÉ A)

116 — Portrait du général Dumas, père d'Alexandre Dumas.
Toile. H. 112, L. 108.

VERNET (ATTRIBUÉ A JOSEPH)

117 — Un Port de mer.
Bois. H. 14, L. 20.

WATTEAU (DIT WATTEAU DE LILLE)

118 — *Repas champêtre.*
Bois. H. 31, L. 45.

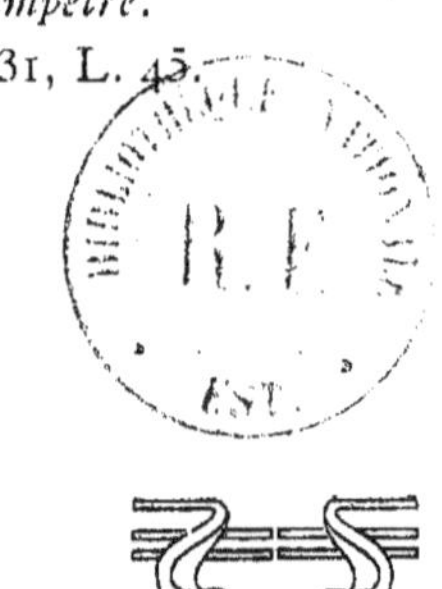